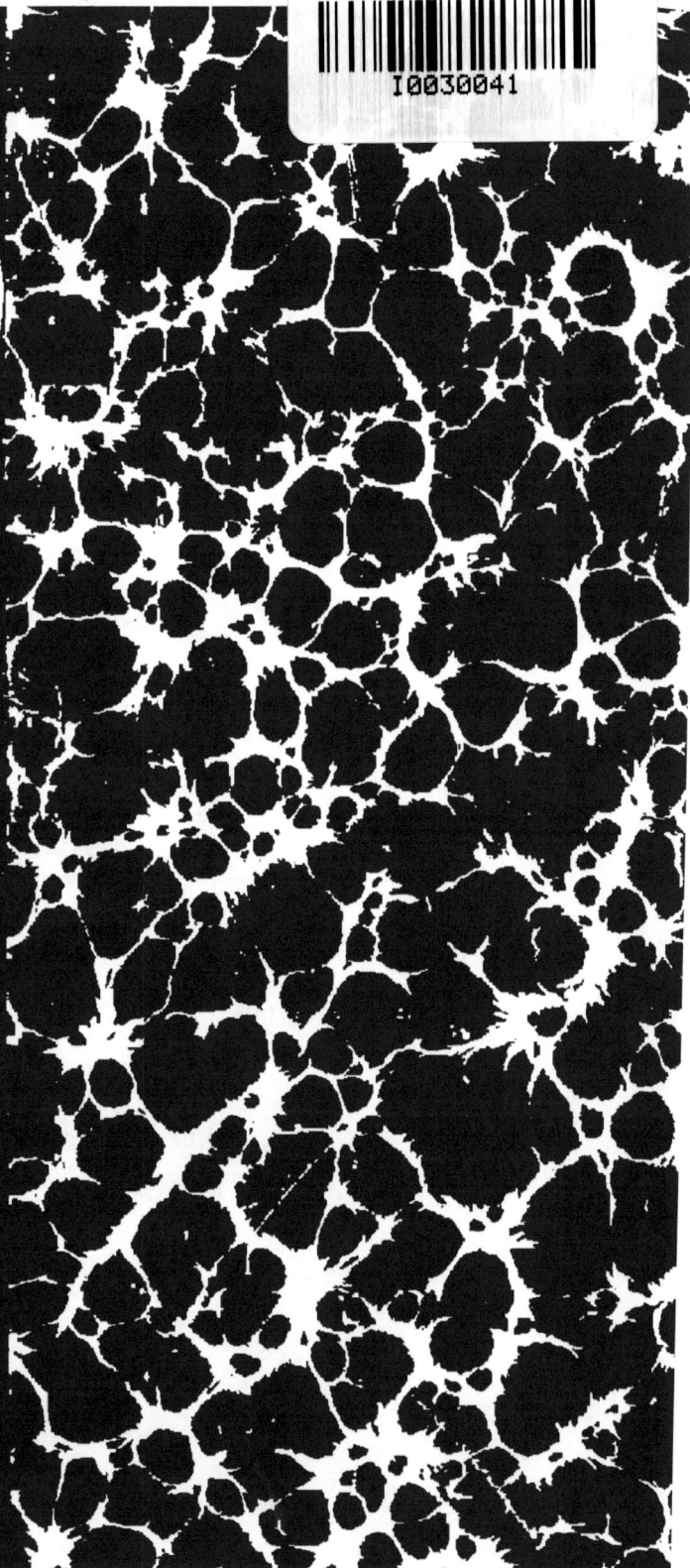

PETIT MANUEL

DES

ÉLECTIONS MUNICIPALES

DISPOSITIONS LÉGALES ET RÉGLEMENTAIRES
SOLUTIONS DE JURISPRUDENCE

PAR

F. NUVIRON

... honoraire de la Préf...
... au Journal des T...

Prix : un franc

PARIS

LAROSE ET TENIN, ÉDIT...
22, rue Soufflot
... chez l'auteur, 54, rue ...

1912

PETIT MANUEL

DES

ÉLECTIONS MUNICIPALES

DISPOSITIONS LÉGALES ET RÈGLEMENTAIRES

SOLUTIONS DE JURISPRUDENCE

PAR

A. SOUVIRON,

Chef de division honoraire de la Préfecture de la Seine,
Fondateur et Directeur du « Journal des Conseillers Municipaux »

Prix : un franc

PARIS
LAROSE ET TENIN, ÉDITEURS
22, rue Soufflot
et chez l'auteur, 54, rue Saint-Georges

—

1912

PETIT MANUEL

DES

ÉLECTIONS MUNICIPALES

La matière des élections municipales
est une de celles qui soulèvent le plus
grand nombre de litiges devant les juri-
dictions compétentes. C'est par milliers
que l'on compte les instances contentieu-
ses sur lesquelles sont appelés à statuer
en premier lieu les conseils de préfecture
et en dernier ressort le conseil d'Etat.
Ces procès administratifs se multiplient
surtout au lendemain des élections qui
ont lieu tous les quatre ans pour le renouvellement intégral des conseils municipaux. C'est pourquoi nous avons cru devoir

présenter aux électeurs et aux candidats un précis de la législation en vigueur avec les éclaircissements résultant tant des instructions ministériellès que de la jurisprudence la plus récente. La première édition du « Petit Manuel des élections municipales », que nous avons publiée en 1908, en vue d'aplanir, pour les uns et pour les autres, la route parfois encombrée d'obstacles qui s'ouvre devant eux dès le premier jour de la période électorale, obtint dès son apparition un très vif succès.

Il nous a paru opportun de reprendre cette publication qui doit être utile à toute époque, mais surtout au moment du renouvellement intégral des conseils municipaux.

Ce travail sera divisé en trois parties, savoir :

I. Convocation des électeurs.
II. Opérations électorales.
III. Réclamations.

On remarquera que nous nous abstenons de traiter de la formation des listes électorales. Nous nous transportons à l'ouverture de la période électorale, époque à laquelle les listes des électeurs sont arrêtées définitivement depuis le 31 mars ; il serait donc sans intérêt de rappeler ici la procédure à laquelle leur établissement donne lieu. Nous écartons de même : 1° les dispositions relatives aux section- nements électoraux, opérations qui sont déjà accomplies au moment où se produit la convocation du corps électoral ; 2° le tableau des éligibles et des inéligibles au conseil municipal, les questions de capa- cité et d'éligibilité ne devant pas être tranchées par les bureaux de vote.

I. Convocation des électeurs

En ce qui concerne spécialement le renouvellement intégral des conseils mu- nicipaux, la convocation du corps électo- ral se trouve virtuellement opérée par l'article 41 de la loi du 5 avril 1884, qui est ainsi conçu :

« Les conseils municipaux sont nommés pour quatre ans. Il sont renouvelés intégralement, le premier dimanche de mai, dans toute la France, lors même qu'ils ont été élus dans l'intervalle. »

La loi de 1884 fait donc un devoir au gouvernement de prendre les mesures préparatoires pour ce renouvellement intégral, et la première de ces mesures est l'arrêté préfectoral qui convoque l'assemblée des électeurs. C'est l'article 15 de la même loi qui édicte cette prescription. En voici le texte :

« L'assemblée des électeurs est convoquée par arrêté du préfet. L'arrêté de convocation est publié, dans la commune, quinze jours au moins avant l'élection, qui doit toujours avoir lieu un dimanche. Il fixe le local où le scrutin sera ouvert, ainsi que les heures auxquelles il doit être ouvert et fermé. »

L'arrêté de convocation est adressé par le préfet au maire, qui est tenu de le faire afficher immédiatement dans la commune aux lieux habituels. Cet affichage doit être effectué quinze jours au moins avant celui de l'élection.

Ce délai de quinze jours est un délai de rigueur et, s'il n'a pas été observé, les élections peuvent être annulées. En vain objecterait-on, lorsqu'il s'agit du renouvellement intégral, que sa date est fixée par la loi elle-même. L'inobservation du délai est une irrégularité substantielle. (Conseil d'Etat, 12 février 1909, élection de Sorio ; 2 décembre 1910, élection d'Allens.) (1)

Afin d'éviter toute protestation à ce sujet, le maire devra, ainsi que le prescrit l'article 96 de la loi de 1884, s'assurer que l'affichage a été mentionné à sa date sur le registre affecté à l'inscription des arrêtés.

Dans son excellent traité sur la loi municipale, M. Léon Morgand, faisant allusion à l'obligation imposée au préfet par

---

(1) Les arrêts du conseil d'Etat cités dans cet ouvrage sont rapportés par le *Recueil Panhard*, aux dates indiquées.

l'article 15 de fixer le local du vote, observe
qu'il y a peut-être là une difficulté pratique, le préfet pouvant ne pas connaître à
l'avance quels sont les locaux qui, dans
chaque commune, seront disponibles ;
mais il estime qu'une désignation ultérieure ne sera pas une cause de nullité si
elle a été portée à la connaissance des électeurs en temps utile et surtout si elle a été
mentionnée sur les cartes électorales. Cette
mention, en effet, est exigée par le 2e paragraphe de l'article 13, en ces termes :

« Il sera délivré à chaque électeur une
carte électorale. *Cette carte indiquera le lieu
où doit siéger le bureau où il devra voter.* »

La difficulté signalée par M. Morgand
sera aisément résolue si le préfet a soin
d'inviter à l'avance les maires à faire connaître eux-mêmes à la préfecture les
locaux devant servir au vote. L'arrêté
préfectoral n'aura ainsi qu'à homologuer
les propositions faites par le maire, qui
est plus à même que le préfet de faire cette
désignation en connaissance de cause.

Il faut observer, toutefois, que le préfet

n'est pas obligé de désigner le local indiqué par le maire. Il a été jugé, notamment, que le préfet peut valablement désigner, pour les opérations électorales d'une section, un immeuble situé sur le territoire d'une autre section. (Conseil d'Etat, 6 décembre 1909, élections de Laure).

Mais si le maire faisait procéder aux élections dans un local privé, autre que celui fixé par l'arrêté de convocation, ou même s'il changeait la date désignée par le préfet, les opérations seraient annulées. (Conseil d'Etat, 25 juin 1909, élection de Larée) à moins qu'il ne soit démontré que le changement prescrit par le maire et motivé par le mauvais état du local n'a pas eu pour effet de permettre des fraudes ou d'empêcher les électeurs de voter. (Id. 31 mars 1909, élection de Tax).

Quant aux heures d'ouverture et de fermeture du scrutin, la loi charge le préfet de les fixer, mais elle ne lui laisse pas la faculté de déterminer la durée du scrutin. Cette détermination a été faite par l'article 26, qui dit que « le scrutin ne

peut être fermé qu'après avoir été ouvert
pendant six heures au moins. » Le rôle
du préfet est donc limité à l'indication des
heures d'ouverture et de fermeture. L'u-
sage veut qu'il s'inspire à ce sujet des habi-
tudes locales et des exigences de la saison.

L'affichage de l'arrêté du préfet est-il
obligatoire dans tout le territoire commu-
nal, alors que la commune compte des
hameaux éloignés du chef-lieu ? Notre avis
est que la convocation doit être portée à
la connaissance des électeurs sur tous les
points où il existe une agglomération
quelconque. On cite toutefois en sens
contraire un arrêt du conseil d'Etat (22
février 1889, élections de Portes) qui
déclare l'affichage à la mairie suffisant,
lors même qu'il existe des hameaux éloignés et que le nombre des abstention-
nistes a été considérable.

L'affichage ou, pour mieux parler, la
publication de l'arrêté préfectoral qui
convoque les électeurs constitue le point
de départ de ce qu'on appelle la « période
électorale ». C'est pendant cette periode

que peuvent être affichés, sans être timbrés, les programmes, professions de foi, proclamations, etc., émanant des candidats ou des électeurs. L'ouverture de la période électorale rend également licites la distribution des circulaires et des bulletins de vote ainsi que les réunions publiques. Ainsi en a décidé l'avant-dernier paragraphe de l'article 14 de la loi de 1884, ainsi conçu :

« Les dispositions concernant l'affichage, la libre distribution des bulletins, circulaires et professions de foi, les réunions publiques électorales, la communication des listes d'émargement, les pénalités et poursuites en matière législative, sont applicables aux élections municipales. »

Ces dispositions sont énoncées principalement dans l'article 3 de la loi du 30 novembre 1875, relative à l'élection des députés, dont les deux premiers paragraphes sont ainsi conçus :

« Pendant la durée de la période électorale, les circulaires et professions de foi signées des candidats, les placards et manifestes électoraux signés d'un ou plusieurs électeurs pourront, après dépôt au parquet du procureur de la République, être affichés et distribués sans autorisation préalable.

« La distribution des bulletins de vote n'est pas soumise à la formalité du dépôt au parquet. »

Pour les réunions publiques électorales, il y a lieu d'appliquer les articles 5 et suivants de la loi du 30 juin 1881 et l'article 1er de la loi du 28 mars 1907.

La communication des listes d'émargement est réglée par le dernier paragraphe de l'art. 5 de la loi du 30 novembre 1875. Ces listes, signées du président et du secrétaire, sont déposées pendant huitaine au secrétariat de la mairie et communiquées à tout électeur requérant.

L'extension aux imprimés électoraux municipaux des dispositions de la loi sur les élections législatives a eu pour effet de les faire bénéficier d'un régime de faveur. D'autre part, la loi du 11 mai 1868

exempte du timbre les bulletins de vote.
Cette exemption a été étendue, on l'a vu
ci-dessus, aux affiches, à la condition
qu'elles émanent d'un candidat ou tout au
moins soient signées par lui. Mais le légis-
lateur n'a pas cru devoir soustraire les
imprimés électoraux à une obligation
résultant de l'article 3 de la loi du
29 juillet 1881, dont voici le texte :

« Au moment de la publication de tout
imprimé, il en sera fait, par l'imprimeur,
sous peine d'une amende de 16 francs
à 300 francs, un dépôt de deux exemplaires destinés aux collections nationa-
les.

« Ce dépôt sera fait : au ministère de
l'intérieur pour Paris, à la préfecture
pour les chefs-lieux de département, à la
sous-préfecture pour les chefs-lieux d'ar-
rondissement, et pour les autres villes à
la mairie.

« L'acte de dépôt mentionnera le titre
de l'imprimé et le chiffre du tirage.

« Sont exceptés de cette disposition
les *bulletins de vote*, les circulaires com-

merciales ou industrielles et les ouvrages dits de ville ou bilboquets. »

Ainsi, à l'exception des bulletins de vote, expressément dispensés de cette formalité, tous les imprimés relatifs aux élections municipales et destinés à être publiés, affichés ou simplement distribués de la main à la main, doivent être déposés au nombre de deux exemplaires. Les candidats, d'ailleurs, ne sont pas responsables des infractions à cette exigence de la loi de 1881. C'est l'imprimeur qui est tenu d'effectuer le dépôt, et c'est lui seul qui est exposé à l'amende en cas de contravention. M. Léon Morgand fait remarquer avec raison que la sanction édictée par la loi ne saurait autoriser la saisie des circulaires ni l'enlèvement des affiches.

Celles-ci sont apposées dans les emplacements utilisés ordinairement pour l'affichage. La loi de 1881 accorde encore un privilège spécial aux affiches électorales. Elle permet de les apposer sur la plupart des édifices publics. Cela résulte de la combinaison des articles 15 et 16 de cette loi ainsi conçus :

« Art. 15 — Dans chaque commune, le maire désignera, par arrêté, les lieux exclusivement destinés à recevoir les affiches des lois et autres actes de l'autorité publique. Il est interdit d'y placarder des affiches particulières. Les affiches des actes émanés de l'autorité seront seules imprimées sur papier blanc. Toute contravention aux dispositions du présent article sera punie des peines portées en l'article 2.

« Art. 16. — Les professions de foi, circulaires et affiches électorales pourront être placardées, à l'exception des emplacements réservés par l'article précédent, sur tous les édifices publics autres que les édifices consacrés aux cultes, et particulièrement aux abords des salles de scrutin. »

Aux termes d'une loi du 27 janvier 1902, qui a dérogé sur ce point à l'article 16 de la loi de 1881, « les maires et, à leur défaut, les préfets dans les départe-

ments, le préfet de la Seine à Paris, ont
le droit d'interdire l'affichage, même en
temps d'élections, sur les édifices et monuments ayant un caractère artistique. —
Les contrevenants sont punis d'une
amende de cinq à quinze francs par contravention. »

Cette dernière disposition porte la
marque de la manière par trop hâtive
dont les chambres françaises votent certaines lois. Qui sera juge du caractère
artistique du monument ? Sera-ce le préfet ? Sera-ce le maire ? Et devra-t-on, en
cas d'infraction, attendre qu'un tribunal
ait statué sur la qualité d'œuvre artistique attribuée au monument qu'on aura
recouvert d'affiches électorales ?

D'un autre côté, la loi n'a prescrit ni
au préfet, ni au maire de prendre un arrêté pour interdire l'affichage sur les
monuments à caractère artistique. Elle
emploie seulement cette expression va-
gue : « Les maires et les préfets ont le
droit d'interdire. » S'en rapportant à la
lettre de la loi votée par la chambre, le

sénat a été d'avis que le maire n'est pas tenu de prendre l'arrêté. D'autre part, le préfet n'est pas obligé, en cas d'abstention du maire, de procéder d'office, dans les termes de l'article 85, puisque cet article n'autorise le préfet à se substituer au maire que dans le cas où l'acte que celui-ci refuserait de faire lui serait prescrit par la loi. Toutefois, comme la loi de 1902 arme le préfet du même droit que le maire, le sénat a pensé que « le préfet aura à se mettre en rapport avec le maire pour lui demander s'il entend prendre un arrêté relatif à tel ou tel monument qui, probablement, aura été signalé d'une façon particulière comme monument artistique. Si le maire répond qu'il ne veut pas prendre ou qu'il néglige de prendre l'arrêté, le préfet le prendra à sa place ». (Déclaration du rapporteur au sénat, séance du 20 janvier 1902)

Les professions de foi, circulaires et affiches électorales ne peuvent être apposées sur les édifices consacrés aux cultes. (Loi du 9 décembre 1905, art. 1, 2, 13 et

44 ; cass., chamb. cr., 2 novembre 1911.)
L'afficheur est passible d'une amende de
cinq à quinze francs par contravention et
d'emprisonnement en cas de récidive.

Aux termes de la loi de 1881, art. 17,
sont punis d'une amende de 5 francs
à 15 francs ceux qui auront enlevé, dé-
chiré, recouvert ou altéré par un procédé
quelconque, de manière à les travestir ou
à les rendre illisibles, des affiches électorales émanant de simples particuliers,
apposées ailleurs que sur les propriétés
de ceux qui auront commis cette lacéra-
tion ou altération. La peine est d'une
amende de 16 francs à 100 francs et d'un
emprisonnement de six jours à un mois,
ou de l'une de ces deux peines seulement,
si le fait a été commis par un fonction-
naire ou agent de l'autorité publique, à
moins que les affiches n'aient été apposées dans les emplacements réservés par
l'article 15.

Un arrêt de la cour de cassation du 16
janvier 1886 a appliqué cette disposition
protectrice à toutes les affiches électora-

les, qu'elles soient manuscrites ou imprimées, anonymes ou revêtues de signatures.

Il est interdit par la loi du 30 mars 1902, article 44, de faire usage de papier tricolore pour les affiches électorales. Rappelons à ce propos que le papier blanc est réservé aux affiches émanant de l'administration, en vertu de la loi des 22-28 juillet 1791.

Enfin, la loi du 30 novembre 1875 (art. 3, § 3) défend à tout agent de l'autorité publique ou municipale de distribuer des bulletins de vote, professions de foi et circulaires des candidats.

Cette interdiction s'étend aux secrétaires de mairie, bien qu'on ait prétendu que ces employés n'ont plus le caractère de fonctionnaires publics depuis la loi du 28 pluviôse an VIII. Ils sont agents de l'autorité municipale, et à ce titre la prohibition édictée par la loi du 30 novembre 1875 doit leur être appliquée (Cassation, rej. 15 janvier 1889).

II. Opérations électorales

CARTES ÉLECTORALES

Nous avons rappelé qu'aux termes de l'article 13 de la loi municipale, la délivrance d'une carte à chaque électeur est obligatoire. Les mairies peuvent adopter pour l'établissement de ces cartes telles dispositions qui leur conviendront. Dans certaines villes. on y insère divers renseignements qui peuvent être utiles aux électeurs et dont la production, en telle circonstance donnée, peut servir pour constater l'identité du titulaire. Mais ces mentions sont facultatives. Les seules obligatoires sont celles qui sont prescrites par l'article 13 précité.

DISTRIBUTION DES CARTES

Les mairies peuvent faire parvenir les cartes aux électeurs soit par la poste, soit par le garde champêtre ou les appariteurs. Mais la municipalité n'encourt au-

cune responsabilité à ce sujet, aucun
texte de loi ne l'obligeant à faire distribuer les cartes à domicile. (Conseil
d'Etat, 9 décembre 1910, élection de
Mayet-de-Montagne.)

En général, il est préférable de tenir
les cartes, à partir d'une certaine date, à
la disposition des électeurs, qui sont invités par affiches à venir les retirer à la
mairie contre émargement. Ceux des
électeurs qui ne les auraient pas réclamées avant le vote ont la faculté de les
retirer au moment même où ils viennent
voter et il n'y a, dans ce fait, aucune
irrégularité. (Conseil d'Etat, 5 décembre
1884.)

Toutefois, cette distribution, qui peut
avoir lieu dans la salle même du vote, ne
doit être faite que par les agents de la
mairie. A été annulée une élection parce
que les cartes étaient distribuées par des
partisans des candidats élus, ce qui avait
eu pour effet de soumettre les électeurs à
une surveillance au moment du vote.
(Conseil d'Etat, 23 février 1906.)

LIEU DU VOTE

Le lieu du vote est, comme on l'a vu, indiqué par le préfet, et cette indication doit être scrupuleusement observée à peine de nullité. Le conseil d'Etat, par des arrêts des 5 juin, 21, 26 juillet, 2 août 1905, a annulé plusieurs élections municipales, parce que le maire avait procédé aux opérations dans une salle autre que celle qui avait été désignée par l'arrêté préfectoral. Cependant d'autres arrêts ont validé les opérations par le motif que, d'après le chiffre des suffrages, le changement n'avait pu avoir aucune influence sur le résultat du scrutin. (Conseil d'Etat, 31 mars 1909, élect. de Tox.)

Lorsque le changement de local a été porté à la connaissance des électeurs en temps utile, soit par une mention sur les cartes, soit par affiches, il n'y a pas lieu d'annuler les opérations. L'essentiel est que tous les électeurs aient pu en être informés.

Par application des règles précédentes, des élections ont été annulées parce que le scrutin avait eu lieu, non dans le local désigné par le préfet, mais dans le logement particulier du maire (28 janvier 1903) ; d'autres élections ont été validées bien que le vote eût été effectué dans le cabinet du maire, dès lors qu'il était constaté : 1° que les électeurs pouvaient circuler autour du bureau et de l'urne ; 2° que ce local avait déjà reçu la même destination aux élections précédentes et que les électeurs ne l'ignoraient pas. (Conseil d'Etat, 25 février 1901, 23 novembre 1903.)

BUREAU ÉLECTORAL

Les articles 17 et 19 de la loi du 5 avril 1884 règlent comme suit la composition du bureau de vote :

« Art. 17. — Les bureaux de vote sont présidés par le maire, les adjoints, les conseillers municipaux, dans l'ordre du tableau, et, en cas d'empêchement, par des électeurs désignés par le maire.

« Art. 19. — Les deux plus âgés et les

deux plus jeunes des électeurs présents à l'ouverture de la séance, sachant lire et écrire, remplissent les fonctions d'assesseurs. Le secrétaire est désigné par le président et par les assesseurs. Dans les délibérations du bureau, il n'a que voix consultative. Trois membres du bureau, au moins, doivent être présents pendant tout le cours des opérations. »

La disposition qui exige que les fonctions d'assesseurs soient confiées aux deux membres présents les plus âgés et aux deux les plus jeunes, doit être rigoureusement appliquée. Toute tentative d'éluder cette prescription aboutirait à faire annuler le scrutin.

Ainsi, ont été annulées des opérations électorales, parce que les deux plus jeunes électeurs présents à l'ouverture du scrutin n'ont pas été, malgré leur réclamation, appelés à siéger comme assesseurs. (Conseil d'Etat, élect. Vieux-Habitants, 29 décembre 1908.)

Est également irrégulière la formation du bureau, si des assesseurs sont pris parmi les conseillers municipaux présents au début des opérations, alors que des électeurs plus âgés et plus jeunes étaient aussi présents et que leur admission au bureau était réclamée. (Conseil d'Etat, 20 janvier 1909, élect. de Chevriers ; 23 juillet 1909, élect. de Rabat.)

Cette solution s'applique plus particulièrement aux élections pour le renouvellement intégral du conseil, dans le cas où le maire sortant, qui est président de droit, formerait le bureau en prenant pour assesseurs, contre le gré des électeurs présents, des conseillers municipaux sortants. (Conseil d'Etat, 22 juin 1906.)

Mais si les électeurs ayant droit par leur âge à siéger au bureau ne font pas connaître ce droit en temps utile, ainsi que leur intention de siéger, il n'y a pas lieu à annulation. (Conseil d'Etat, 25 novembre 1910, élect. de Faverols.)

Même solution si l'un des deux réclamants ne sait ni lire ni écrire. (Même arrêt, et arrêt du 22 février 1909, élect. de Fouleix.)

Les maires, pour assurer la réception
des bulletins de vote dès le début de la
séance, en vue de satisfaire des électeurs
pressés de voter, croient devoir quelquefois composer le bureau à l'avance. Cette
pratique n'est régulière que s'il ne sur-
vient au moment de l'ouverture du scrutin aucune réclamation de la part des
membres présents (conseil d'Etat, 12
mars 1909, élection de Fréchet-Aure ; 31
mars 1909, élection de Fours) et surtout
s'il n'est pas prouvé que le fait a eu pour
but d'exercer une pression ou d'altérer le
résultat du vote (conseil d'Etat, 6 février 1905, 18 mai 1906).

Lorsque la fraude est manifeste, l'annulation est inévitable. Ainsi un maire
voulant éviter la présence d'un conseiller
municipal sortant qui pouvait, à raison
de son âge, être désigné comme assesseur,
lui adressa une convocation portant que
l'ouverture du scrutin aurait lieu à midi,
au lieu de huit heures du matin, heure
véritable ; ce fait, relevé à bon droit comme une manœuvre, entraîna l'annulation

des élections (conseil d'Etat, 7 décembre 1906).

Dans une autre élection, les partisans d'une liste ont été empêchés par leurs adversaires de pénétrer dans la salle au moment de l'ouverture du scrutin. Cet acte, signalé par les réclamants, a été considéré par le conseil d'Etat comme ayant fait obstacle à la constitution régulière du bureau, et les opérations électorales ont été annulées (conseil d'Etat, 27 mars 1905).

Il y a cependant telle circonstance où le président ne croit devoir admettre qu'un nombre restreint d'électeurs à l'ouverture de la séance. Pour prévenir le retour de scènes de désordre ayant eu lieu lors d'opérations antérieures, un maire a décidé qu'un même nombre d'électeurs des deux partis en présence serait admis à assister à la constitution du bureau. D'ailleurs, les assesseurs choisis dans cette réunion restreinte étaient les deux plus jeunes et les deux plus âgés. L'élection a été validée (conseil d'Etat, 8 mai 1906).

L'absence d'électeurs en nombre suffisant au moment de l'ouverture entraîne quelquefois un retard dans la constitution du bureau ; mais il n'y a pas là un motif d'annulation, dès lors que ce retard n'est pas le résultat d'une manœuvre et n'a pas eu pour effet d'empêcher un certain nombre d'électeurs de voter.

Le procès-verbal des opérations devant être, comme on le verra plus loin, signé par les assesseurs, il importe de ne pas choisir ceux-ci parmi les illettrés. C'est pour cela que la loi exige qu'ils sachent lire et écrire. En fait, il suffit qu'ils sachent signer. (Conseil d'Etat, 12 mai 1909, élection de Plaissan.)

La loi n'établit aucune incompatibilité pour cause de fonctions ou de parenté avec d'autres membres du bureau.

Un soldat en congé régulier peut, non seulement voter, mais encore faire partie du bureau de vote. (Conseil d'Etat, 6 avril 1909, élection de Reillonne.)

Aucune disposition légale n'interdit de prendre comme assesseur un agent salarié de la commune, secrétaire de mairie ou autre, pourvu qu'il soit électeur.

Il est arrivé quelquefois que par suite de circonstances particulières, force majeure ou autre, le bureau de vote ne peut être constitué et l'élection ne peut avoir lieu. En pareil cas, le maire excéderait ses pouvoirs en renvoyant les opérations à huitaine. Il doit en référer au préfet, qui a seul qualité pour ordonner une nouvelle convocation. (Conseil d'Etat, 27 juillet 1909, élection de Clermont-Puyguilhès, section de Noulhan.)

L'article 19 de la loi du 5 avril 1884 exige que sur les six membres du bureau, il y en ait toujours trois de présents ; mais cette prescription n'a qu'un objet : éviter la fraude. Il n'y aurait donc pas lieu d'annuler si à un certain moment le bureau ne comptait que deux membres seulement au lieu de trois (Conseil d'Etat, 24 mars 1905), ou si des assesseurs étaient remplacés momentanément par d'autres électeurs ; ces faits ne seraient entachés de nullité que s'ils pouvaient être attribués à une manœuvre ayant pour but de fausser le résultat du scrutin (Conseil d'Etat, 26 juin 1909, élection de Locara).

PRÉSIDENCE DU BUREAU

Lorsqu'une délégation spéciale a été nommée en cas de dissolution ou d'absence du conseil municipal (loi du 5 avril 1884, art. 44), c'est cette délégation qui exerce la présidence du bureau de vote. Mais elle n'a pas le droit de désigner comme président un électeur quelconque si l'un des membres de la délégation est présent et proteste contre ce choix (conseil d'Etat, 25 mars 1908.)

Lorsqu'il n'y a qu'un bureau de vote dans la commune, la présidence appartient au maire. Les autres bureaux sont présidés par les adjoints, dans l'ordre des nominations, puis par les conseillers municipaux dans l'ordre du tableau.

Si le maire ne peut ou ne veut présider, il délègue la présidence à l'adjoint. Il faut que cette délégation soit effective, et le mieux serait qu'elle fît l'objet d'un

arrêté spécial, signé du maire, et men-
tionnant l'absence ou l'empêchement de
celui-ci. Faute de cette condition et s'il
est établi, par exemple, que l'adjoint ou
le premier conseiller municipal ont exercé
la présidence sans le consentement du
maire, l'élection peut être annulée (10 mai
1889; 3 novembre 1905), mais seulement
dans le cas où la fraude est établie (Id.
21 mai 1909). .

Il y a lieu à annulation si l'arrêté
du maire désigne comme président d'un
bureau de vote un électeur quelconque,
sans justifier d'aucun empêchement des
conseillers municipaux (27 mars 1905).
L'essentiel, en effet, est que la présidence
soit exercée d'abord par le maire, ensuite
par les adjoints, enfin par les conseillers municipaux dans l'ordre du tableau,
alors que le maire et l'adjoint sont empêchés ou président d'autres bureaux. La
désignation d'autres électeurs ne peut
venir qu'après. Ainsi, a été déclaré illégal
l'arrêté préfectoral qui, au refus du maire
et de l'adjoint, attribue la présidence d'un

bureau à un délégué spécial sans avoir égard au droit éventuel des conseillers municipaux et des électeurs qui auraient pu être désignés par le maire (18 avril 1905)...

Même solution dans le cas où, le maire et l'adjoint ayant été suspendus et la présidence devant échoir au premier conseiller inscrit, le préfet a cru devoir nommer un délégué spécial.

L'acte du préfet ne serait légitime que si le maire et l'adjoint suspendus avaient refusé de procéder aux opérations électorales pour le renouvellement du conseil municipal (7 et 23 juin 1905). Toutefois, avant de recourir en pareil cas à la nomination d'un délégué spécial, le préfet devra mettre les conseillers municipaux en demeure d'exercer la présidence.

Faute de cette précaution, l'élection pourra être annulée, la désignation d'un délégué à l'exclusion des membres du conseil ayant pu exercer une influence sur l'esprit des électeurs et modifier les résultats du scrutin (10 juillet 1905).

L'ordre du tableau pour la nomination des conseillers à la présidence n'est pas prescrit à peine de nullité. La présidence peut être attribuée à un conseiller ne venant pas en rang utile, mais seulement si les conseillers inscrits avant lui n'ont pas réclamé contre cette attribution (23 décembre 1910).

SECRÉTAIRE

La première chose que doit faire le président, de concert avec les assesseurs, est la désignation du secrétaire (loi du 5 avril 1884, art. 19). Il est choisi parmi les électeurs présents.

Le secrétaire de la mairie peut être chargé de cette fonction. Un arrêt du conseil d'Etat (29 décembre 1908) dit qu'il n'est pas nécessaire qu'il soit présent au moment où le bureau le choisit. Mais il faut que la désignation soit faite par le bureau et non par le maire seul (Conseil d'Etat, 18 décembre 1885 ; 29 juin 1889).

Peut-on choisir comme secrétaire l'instituteur qui n'est pas électeur ? Oui, si ce choix n'a pas eu d'influence sur le résultat du scrutin (25 juin 1909).

La désignation d'un candidat comme secrétaire n'est pas interdite (*Id.* 29 décembre 1908).

Le secrétaire compte parmi les trois membres dont la présence est exigée par l'article 19 de la loi de 1884 (27 mars 1889).

FONCTIONS DU PRÉSIDENT

Le président a la police de l'assemblée (loi du 5 avril 1884, art. 18). Au commencement des opérations, il constate l'heure à laquelle le scrutin est ouvert; il constate également l'heure à laquelle il le déclare clos (art. 26, §§ 1 et 3). Il reçoit des mains de chaque électeur le bulletin de vote, préparé en dehors de l'assemblée, et le dépose dans la boîte du scrutin (art. 25). Le scrutin, ainsi qu'on l'a dit plus haut, doit rester ouvert pendant six heures au moins (art. 26, § 2).

Pendant toute la durée des opérations,

une copie de la liste des électeurs, certi-
fiée par le maire, contenant les nom,
domicile, qualification de chacun des inscrits, reste déposée sur la table auprès
de laquelle siège le bureau (art. 22). Le
président veille à ce que cette prescription soit remplie. Aussitôt après la clôture
du scrutin, il surveille, conjointement avec
les membres du bureau, l'opération du
dépouillement (art 27). Enfin il proclame
le résultat du scrutin (art. 29).

POLICE DE L'ASSEMBLÉE

L'article 24 de la loi municipale porte
que « nul électeur ne peut entrer dans
l'assemblée porteur d'armes quelconques ». En conséquence, si le président
jugeait à propos, pour maintenir l'ordre,
de faire stationner dans la salle de vote
des agents de police, — qui seraient
probablement électeurs, — il devrait les
inviter à ne pas entrer avec armes. Toutefois il a été décidé qu'en cas de désordres
prévus, le président avait agi correctement
en introduisant dans la salle de vote des

gendarmes et des soldats armés, et que
cette mesure n'avait eu ni pour but ni
pour effet de porter atteinte à la liberté
du vote (12 mai 1909).

Le président doit éviter que les mesures
qu'il est autorisé à prendre pour maintenir l'ordre aient pour effet d'empêcher
les électeurs d'exercer un contrôle sin-
cère et efficace sur les opérations.

Une de ces mesures, trop fréquemment
prises, consiste à ne laisser pénétrer les
électeurs que un à un dans la salle. Par
une décision du 1er août 1910, le conseil
d'Etat a déclaré nulles les opérations
électorales d'une commune, parce que,
dès le début des opérations et sans que
l'ordre ait été troublé, le président a fait
expulser les électeurs; que ceux-ci n'ont
été ensuite admis à pénétrer qu'un à un
dans la salle de vote et qu'ils n'ont pu
ainsi exercer aucun contrôle sur l'élection.

Il en aurait été autrement si, tout en
astreignant les électeurs à n'entrer qu'un
à un, en vue d'assurer le bon ordre, le
président avait eu soin d'autoriser la pré-

sence, dans la salle, d'électeurs partisans des listes opposées, afin de leur permettre de contrôler les opérations électorales (22 janvier 1897; 12 mai 1905).

Un autre acte arbitraire, heureusement moins fréquent, a consisté dans l'ordre donné au garde champêtre par le maire de fouiller les électeurs avant de les laisser pénétrer dans la salle. Une pareille mesure a été jugée par le conseil d'Etat comme portant atteinte à la liberté du vote et à la sincérité du scrutin, et les opérations ont été annulées (5 août 1910).

L'encombrement des salles de vote peut être une cause de désordre. Un arrêt du 9 janvier 1885 a reconnu que le président, pour obvier à cet encombrement, pouvait n'admettre les électeurs dans la salle qu'à raison de groupes de vingt au plus. Mais il faut que cette mesure ne soit pas appliquée de manière à favoriser les partisans d'une liste au détriment des autres. Ainsi a été annulée une élection parce que les électeurs n'avaient été autorisés à pénétrer dans la salle que par petits groupes;

le président ayant fait expulser, à l'exception d'un seul, les adversaires des candidats élus, sans que cette expulsion, qui a eu pour effet d'empêcher le contrôle des opérations de vote et de dépouillement, fût justifiée par la nécessité de maintenir l'ordre (28 mai 1906).

Une habitude fâcheuse consiste à attendre la dernière heure pour aller voter. Cela peut être aussi une cause d'encombrement et de désordre.

Dans une commune, en 1904, par suite de dispositions mal conçues, le scrutin fut clos alors que plus de trois cents électeurs, qui s'étaient présentés longtemps avant l'heure réglementaire de fermeture, eussent pu déposer leurs bulletins dans l'urne. Les opérations électorales durent être annulées. Le conseil d'Etat ne crut pas devoir tenir compte de ce que, plus d'une heure après la clôture, et pour remédier à l'insuffisance des mesures antérieures, le bureau fit procéder à des opérations complémentaires qui n'avaient pu être portées à la connaissance de tous les électeurs évincés (10 juillet 1905).

OUVERTURE DU SCRUTIN.

Le scrutin doit être ouvert et fermé aux heures réglementaires, faute de quoi des électeurs peuvent être empêchés de voter, ce qui constitue, dans certaines circonstances, un motif d'annulation (17 et 27 mai 1909).

Mais l'élection sera maintenue si aucune intention de fraude n'apparaît dans le fait d'ouverture ou de fermeture anticipée ou tardive du scrutin, notamment s'il est établi que ce fait n'a empêché aucun électeur de voter (7 janvier 1905). Il peut arriver en effet que l'ouverture tardive provient de l'impossibilité de constituer le bureau, et la fermeture tardive de la nécessité de donner au scrutin la durée de six heures prescrite par la loi (10 février 1905).

BOITE DU SCRUTIN

C'est ainsi que la loi désigne le réci-
pient où sont déposés les bulletins de
vote. Dans le langage courant, cette boîte
porte le nom d'*urne*. Aux termes de l'article 25, elle doit, avant le commencement
du vote, avoir été fermée à deux serrures,
dont les clefs restent, l'une entre les
mains du président, l'autre entre les
mains de l'assesseur le plus âgé.

Sauf l'obligation relative aux deux serrures, la construction de l'urne électorale
n'est assujettie à aucune condition particulière. En général on se sert d'une boîte
cubique en bois, dont le couvercle, s'ou-
vrant à charnière d'un côté, est muni de
deux cadenas de l'autre côté, et percé
au centre d'un fente par laquelle le président introduit les bulletins que lui remet-
tent les électeurs.

Ce dispositif présente toutes garanties
de sécurité. Il en serait autrement si la
boîte se trouvait, comme cela est arrivé
quelquefois, sous prétexte d'accélérer le

dépouillement, divisée en deux compartiments par une cloison intérieure, et si à ces compartiments correspondaient deux ouvertures distinctes, de façon à former deux lots de bulletins pouvant être dépouillés séparément. Ce serait une violation flagrante du secret du vote, entachant l'élection de nullité absolue.

Il faut reconnaître que le souci de la sincérité des opérations électorales n'a pas encore pénétré partout. Dans une commune du département de la Corse (Pastricciola), on a vu l'urne remplacée par une malle, dont le président soulevait le couvercle à chaque vote. L'élection a été annulée (28 avril 1909). Une autre municipalité du même département usait d'une soupière, mais elle a pu lui donner une régularité suffisante en la recouvrant d'une feuille de carton percée d'un trou, ficelée et cachetée à la cire. De pareils procédés sont blâmables.

Les prescriptions de la loi quant à la fermeture de la boîte par deux clefs et à la conservation de celles-ci par deux

membres du bureau ne sont pas édictées
à peine de nullité, et leur violation ne
suffit pas à rendre caduques les opérations
électorales, si elle n'est pas accompagnée
de manœuvres frauduleuses. Néanmoins
il importe de s'y conformer, afin de ne
laisser planer aucun soupçon sur le bureau et de n'ouvrir la porte à aucune
protestation.

Ainsi des opérations ont été annulées
parce que l'une des deux serrures, dont
la clef avait été confiée au président, fut
trouvée ouverte pendant une absence de
celui-ci, alors que deux membres du
bureau seulement étaient présents (16
juin 1909).

Avant le commencement des opérations,
le président doit vérifier la boîte. Il a soin
de l'ouvrir et de montrer aux électeurs
qu'elle est vide. C'est seulement après
cette vérification qu'il la ferme au moyen
des deux clefs.

On a quelquefois cru pouvoir déplacer
l'urne, notamment en la transportant à la
porte de la mairie pour recevoir le vote

d'électeurs impotents. Cette mesure ne peut pas entraîner l'annulation de l'élection, pourvu que l'urne, ainsi déplacée, soit restée constamment sous la surveillance des membres du bureau (24 mars 1909).

Lorsqu'il s'élève dans la salle des discussions menaçant de devenir tumultueuses, le président doit rappeler aux électeurs que l'article 18 de la loi municipale interdit toute discussion, toute délibération dans le sein de l'assemblée électorale. Si l'agitation continue et si le président craint que l'urne soit enlevée, il agira prudemment en la scellant et en la transportant sur un point où elle puisse être maintenue intacte, notamment à la gendarmerie. Grâce à cette précaution, l'élection pourra être continuée après le rétablissement du calme, et les résultats ne pourront en être valablement attaqués.

RÉCEPTION DES BULLETINS

Le membre du bureau qui exerce les fonctions de président est seul autorisé à

recevoir les bulletins des mains des électeurs et à les déposer dans l'urne. Il ne
doit déléguer ce soin à aucun autre membre du bureau. Encore moins doit-il laisser
les électeurs mettre eux-mêmes les bulletins dans l'urne.

Si des électeurs présentent des bulletins ouverts, le maire doit les inviter à les
fermer. La jurisprudence déduit du nombre des suffrages exprimés et de ceux qui
sont comptés aux candidats proclamés,
autant de bulletins qu'il en a été présenté
à découvert (16 décembre 1908).

Le président ne doit pas conserver les
bulletins dans sa main avant de les mettre dans l'urne, ni les manier de façon à
essayer d'en deviner le contenu (24 mars
1905). Des opérations électorales ont été
annulées parce que le président avait cru
devoir se permettre de déplier les bulletins (24 février 1905). Si, en prenant le
bulletin, il croit s'apercevoir qu'il est
double, il peut l'ouvrir légèrement, mais
sans mettre à découvert son contenu.

Si l'électeur présente un bulletin écrit

sur papier de couleur, le président ne
doit pas le refuser. L'appréciation des
bulletins écrits sur papier autre que du
papier blanc n'appartient qu'au bureau et
ne doit avoir lieu qu'au dépouillement.
Seulement, le président peut avertir
l'électeur que la validité de son bulletin
pourra être contestée et l'engager à le
refaire sur papier blanc. On a quelquefois
prétendu qu'une pareille observation de
la part du président constituait un acte de
pression ; mais ce grief a été écarté par
la jurisprudence.

VOTE

Nul ne peut être admis à voter, dit
l'article 23, s'il n'est inscrit sur la liste
des électeurs, dont le dépôt sur le bureau
est prescrit, comme on l'a vu, par l'article
22.

« Toutefois, sont admis à voter, quoi-
que non inscrits sur cette liste, les électeurs porteurs d'une décision du juge de
paix ordonnant leur inscription ou d'un
arrêt de la cour de cassation annulant un

jugement qui aurait prononcé leur radiation. »

Pour les électeurs justifiant d'une décision du juge de paix qui ordonne leur inscription, le président commettrait une irrégularité s'il refusait leur bulletin en prétendant que la décision du juge de paix est déférée à la cour de cassation, attendu que le pourvoi n'a pas d'effet suspensif et que la sentence attaquée doit sortir son plein et entier effet (13 mars 1905).

Les cartes électorales étant des extraits de la liste, il suffit qu'un électeur présente sa carte pour justifier qu'il est inscrit sur la liste et, par suite, pour être admis à voter. Il pourra également voter, bien que non muni de sa carte, si son identité est constatée et s'il est inscrit sur la liste. La production de la carte n'est pas prescrite à peine de nullité (25 juin 1909).

Si la mairie a été informée, depuis la clôture des listes, qu'un individu était déchu du droit de voter, le bureau peut-il refuser son vote ? Par un arrêt du 9 mars 1889, rendu à propos des élections muni-

cipales de Bagnères-de-Bigorre, le conseil d'Etat a tranché cette question par la
négative. D'après cette décision, suivie
de beaucoup d'autres, le bureau serait
tenu de recevoir les votes des incapables
ou des indignes, dès lors qu'ils sont por-
tés sur les listes. Mais il faut ajouter, aux
termes d'autres arrêts, qu'un nombre égal
à celui des bulletins des individus ainsi
admis à voter sans en avoir le droit, doit
être déduit tant du chiffre des suffrages
exprimés pour le calcul de la majorité
absolue au premier tour de scrutin, que
des chiffres des voix obtenues par les
candidats proclamés élus. En conséquence,
a été annulée l'élection de ceux qui, après
cette déduction, n'ont plus qu'un chiffre de
suffrages inférieur à la majorité. Au second
tour, il y a lieu de déduire à chaque
candidat proclamé un nombre de suffrages
égal à celui des incapables ou indignes.

Le fait de prendre part à un scrutin
lorsqu'on en a perdu le droit par suite de
condamnation judiciaire ou de faillite,
constitue un délit puni par la loi. Si un

individu se trouvant dans ce cas se présente pour voter, le président devra lui signaler la pénalité à laquelle il s'expose. Si, après cette décision, l'intéressé persiste dans son intention, le président devra recevoir son bulletin et l'introduire dans l'urne ; mais il ne manquera pas de relever le fait pour le mentionner au procès-verbal.

Est également nul le vote des militaires en activité de service non munis d'un congé régulier au moment de l'élection. On appelle congé régulier une permission de plus de trente jours.

Les réservistes et territoriaux accomplissant une période d'exercices sont assimilés aux militaires de l'armée active ; ils ne peuvent donc, pendant cette période, prendre part à aucun vote.

ÉMARGEMENTS

Aux termes du 5e paragraphe de l'article 25 de la loi municipale, le vote de chaque électeur est constaté sur la liste, en marge de son nom, par la signature, ou le paraphe avec initiales, de l'un des membres du bureau.

La signature ou le paraphe avec initiales, telle est la prescription légale. Cependant l'élection ne serait pas viciée si les émargements étaient effectués au moyen d'une croix (17 avril 1905).

La liste déposée sur le bureau doit porter, outre les indications exigées par l'article 22, deux colonnes distinctes destinées à recevoir les signatures ou paraphes d'émargements, l'une au premier tour, l'autre au second tour de scrutin.

L'émargement constate le vote. C'est la liste émargée qui, seule, fait foi du nombre réel des suffrages exprimés. La jurisprudence du conseil d'Etat est constante sur ce point. Ainsi lorsque le nombre des bulletins trouvés dans l'urne est supérieur au chiffre des émargements, ce dernier est seul considéré comme étant le nombre des votants, et c'est sur ce chiffre et non sur celui des bulletins que se calcule la majorité (1). Il en est de même lorsque le chiffre des votants porté au procès-verbal est différent de celui des émargements. C'est ce dernier seul qui est valable.

Dans quelques mairies, on use d'un procédé que l'on croit propre à contrôler les résultats du vote par comparaison avec le chiffre des émargements. Ce procédé consiste à couper et à recueillir un coin de la carte électorale à mesure que chaque électeur vote, et à compter ensuite le nombre des coins détachés. Mais il a été jugé que le chiffre ainsi obtenu ne saurait être opposé au chiffre des émargements ni prouver que la liste de ceux-ci était erronée (13 février 1885, élection du quartier de La Chapelle, à Paris). S'il est constaté que les émargements ont été régulièrement effectués, le motif d'annulation tiré de ce que les cartes

---

(1) Lorsque le nombre des bulletins trouvés dans l'urne est inférieur à celui des émargements, c'est le premier des deux nombres qui doit être pris comme indiquant celui des votants. Les émargements en plus sont réputés faits par erreur.

n'ont pas été écornées doit être rejeté (Conseil d'Etat, 16 décembre 1910).

Etant donné le rôle décisif que l'émargement peut jouer dans une élection, on comprend que cette opération ait été expressément confiée par la loi à un membre du bureau qui ne doit pas s'occuper d'autre chose. Il serait donc irrégulier que le président procédât lui-même aux émargements après avoir reçu les votes.

Une erreur assez fréquente consiste à émarger un électeur à la place d'un autre, par suite d'une similitude de noms. En pareil cas, lorsque l'électeur émargé à tort se présente, on ne peut refuser son vote, à condition bien entendu qu'il fasse constater son identité. L'assesseur devra faire constater par le bureau qu'on a bien vu voter l'électeur qui n'avait pas été émargé par suite de cette erreur, et il pourra, après cette constatation, rétablir l'émargement omis.

Malgré ses avantages, la formalité des émargements présente un inconvénient : elle permet de recourir à une supercherie

qui a été trop souvent mise en pratique.
Il est possible, en effet, de faire de faux
émargements en vue d'expliquer l'intro-
duction délictueuse dans l'urne de bulletins qui sont censés déposés par des électeurs, alors que ceux-ci sont décédés,
absents ou militaires en activité de service.

En pareil cas, la fraude étant démon-
trée, les élections sont annulées (6 avril
1909).

Une manœuvre aussi peu scrupuleuse
ne peut réussir que si le président et les
membres du bureau consentent à s'y prê-
ter. Si la vigilance des électeurs ne peut
suffire à l'empêcher, il y aura lieu de for-
muler une protestation qui aura d'autant
plus de chances d'être accueillie que les
preuves de la fraude sont, en pareil cas,
assez faciles à réunir.

CLÔTURE DU SCRUTIN

La clôture du scrutin ne peut être
prononcée qu'après une durée de six
heures. On a vu qu'il y aurait un motif

d'annulation dans le cas où le scrutin serait, sans motif plausible, fermé avant l'heure réglementaire.

Le peu d'importance de l'élection, le petit nombre d'électeurs inscrits ne sauraient justifier cette clôture-anticipée.

Le fait de ne laisser le scrutin ouvert que pendant une heure, même dans une très petite commune, entraîne l'annulation des opérations (6 avril 1909).

Si l'heure de la clôture sonne pendant qu'il se trouve encore dans la salle un certain nombre d'électeurs qui n'ont pu voter, il n'y pas d'irrégularité à prolonger la séance de quelques minutes. Cependant il faut être très circonspect si rien ne justifie ce prolongement. Lorsqu'un certain nombre d'électeurs ont été ainsi abusivement admis à voter après l'heure réglementaire, le conseil d'Etat déduit le même nombre de suffrages aux candidats proclamés élus, et ne reconnaît la validité de l'élection que si, cette déduction faite, les candidats conservent la majorité (2 février 1905).

Aussitôt après la clôture du scrutin, la liste des émargements doit être arrêtée et signée par les membres du bureau, avec mention en toutes lettres du nombre des émargements. Cette liste reste pendant huit jours à partir de l'élection à la disposition des électeurs, qui ont le droit d'en prendre copie.

DÉPOUILLEMENT

Ainsi qu'il est prescrit par l'article 27 de la loi municipale, aussitôt après la clôture du scrutin, il est procédé au dépouillement de la manière suivante :

La boîte du scrutin est ouverte, et le nombre de bulletins vérifié.

Si ce nombre est plus grand ou moindre que celui des votants, il en est fait mention au procès-verbal.

Le bureau désigne parmi les électeurs présents un certain nombre de scrutateurs.

Le président et les membres du bureau surveillent l'opération du dépouillement.

Ils peuvent y procéder eux-mêmes s'il y a moins de 300 votants. Mais si le nombre des votants dépasse 300, le bureau doit s'abstenir, sous peine de voir annuler l'élection (24 mars 1909, Daglan).

Le dépouillement doit être fait en public et les électeurs doivent pouvoir circuler autour des tables.

Dans le cas où il y a plus de 300 votants, le président, après avoir ouvert l'urne et compté les bulletins, les place par cent dans une enveloppe et les remet successivement aux groupes de scrutateurs.

Aucun texte ne défend à un ou plusieurs membres du bureau, au cas où il y a plus de 300 votants, de prendre part au dépouillement en même temps que les scrutateurs ou pour compléter un nombre de scrutateurs insuffisant. C'est une chose fâcheuse, parce que, pendant qu'ils font fonctions de scrutateurs, les membres du bureau ne peuvent surveiller l'ensemble du dépouillement, surtout lorsqu'il y a plusieurs tables de scrutateurs; mais cela ne suffit pas pour vicier l'élection, s'il n'y a aucune fraude établie (12 mai 1905, 29 janvier 1909 (Abscon).

Autant que possible, les scrutateurs doivent être choisis à peu près en égale proportion parmi les partisans des diverses listes en présence. Cependant si tous les scrutateurs étaient des partisans reconnus de la liste du maire, il n'y aurait pas là un motif de nullité (6 février 1905).

Voici la méthode la plus généralement suivie et la plus correcte pour procéder au dépouillement. Quatre scrutateurs doivent se placer autour de chaque table. Le premier lit les bulletins à haute voix et les passe au deuxième, assis en face de lui, qui vérifie les noms énoncés. Pendant ce temps, les deux autres scrutateurs, placés à droite et à gauche, inscrivent les suffrages au nom de chaque candidat.

Les bulletins doivent être lus intégralement. Au lieu de procéder ainsi, le président ou le scrutateur se borne souvent à appeler le premier nom inscrit sur une liste, la composition de cette liste étant connue et se reproduisant identiquement sur plusieurs des bulletins ainsi dépouillés. Cette manière d'opérer est évidemment favorable à la rapidité des opérations, mais elle peut faciliter la fraude. Pour qu'elle ne puisse être entachée d'erreurs, volontaires ou non, il doit être entendu que tous les noms seront appelés dès que les listes, même identiques, contiendront des ratures ou des modifications.

Des feuilles de pointage sont tenues par les scrutateurs. Lorsque le dépouillement est terminé, ils totalisent les suffrages obtenus par les divers candidats, arrêtent ces totaux en toutes lettres, signent les feuilles et les apportent au bureau.

Dans le cas où les scrutateurs seraient en désaccord, le bureau doit vérifier leurs feuilles et rectifier les erreurs constatées.

Une mauvaise pratique consiste à bruler les feuilles de pointage après la clôture des opérations. Il importe de conserver ces feuilles, en cas de réclamation ultérieure sur les résultats présentés par les scrutateurs.

Ce n'est pas seulement au cours du vote, c'est surtout pendant le dépouillement qu'il peut se produire dans la salle une certaine agitation. On a vu souvent cette agitation dégénérer en tumulte. Des électeurs turbulents, peu respectueux des décisions du corps électoral, peuvent apporter dans la réunion un tel désordre qu'ils parviennent à interrompre les opérations ou bien à empêcher la proclamation des résultats.

Lorsque le président éprouve des craintes à cet égard, il doit surseoir au dépouillement, réunir les bulletins qui seraient déjà dépouillés ainsi que les feuilles, mettré le tout dans l'urne, la sceller et la placer sous la garde de la gendarmerie. A défaut de ces précautions, l'élection sera annulée (28 avril 1909).

Si le désordre est tel que le président ne puisse assurer la sincérité du dépouillement, même après une suspension, il devra envoyer l'urne scellée au conseil de préfecture. Il y joindra les bulletins et autres pièces nécessaires, sous pli cacheté dont il aura fait constater le contenu par les membres du bureau. Le conseil de préfecture a qualité pour procéder valablement au dépouillement.

BULLETINS

L'article 28 de la loi municipale déclare les bulletins valables, bien qu'ils portent plus ou moins de noms qu'il y a de conseillers à élire. Les derniers noms inscrits au delà de ce nombre ne sont pas comptés.

Cette disposition ne semble pas devoir provoquer de difficultés. Cependant, au second tour de scrutin, il peut arriver que des électeurs, se servant de bulletins qui ont été imprimés pour le premier tour, négligent de biffer les noms des conseillers élus au premier tour et inscrivent les noms de leurs candidats à la suite de ceux qui restaient à élire. Des bulletins de ce genre ont été déclarés valables par le conseil d'Etat, sans qu'il y eût lieu d'en défalquer les noms des

élus, en sorte que les derniers noms inscrits par l'électeur n'ont pas été comptés.
Il ne faut donc se servir des bulletins du
premier tour qu'après en avoir rayé les
conseillers nommés au premier tour.

Quant aux bulletins blancs ou illisibles,
« ceux qui ne contiennent pas une indication suffisante, ou dans lesquels les votants se font connaître, ils n'entrent pas en
compte dans le résultat du dépouillement,
mais ils sont annexés au procès-verbal. »
(Même article 28).

L'obligation d'employer du papier blanc
est inscrite deux fois dans la loi : l'article
25 dit que le papier du bulletin doit être
blanc et sans *signe extérieur*.

Les bulletins blancs et les autres désignés dans l'article 23 n'entrent pas en
compte, c'est-à-dire qu'il faut les déduire du nombre des votants pour obtenir le chiffre des suffrages exprimés, sur
lequel se calcule la majorité absolue.

Les bulletins qui ont des signes extérieurs entrent en compte pour le calcul
de la majorité absolue, mais ils ne doi-

vent pas être attribués aux candidats dont ils portent les noms.

De nombreux arrêts du conseil d'Etat ont fixé la jurisprudence à l'égard de ces deux catégories de bulletins. Nous la résumons ci-après :

Sont réputés bulletins blancs :

Un bulletin qui ne contient aucun nom de candidat, mais seulement des mentions étrangères à l'élection. Il en est ainsi notamment des prospectus et circulaires, même quand au bas de la circulaire figure le nom d'un ou de plusieurs candidats ;

Un bulletin dans lequel tous les noms inscrits ont été rayés et non remplacés par d'autres (7 juillet 1909). (Toutefois, si après avoir tout rayé, l'électeur a ajouté : « *Je vote pour cette liste* », ou bien : « *Liste bonne* », etc., le suffrage sera valable) (7 mai 1906) ;

Un bulletin portant un ou plusieurs paraphes ;

Une carte électorale mise dans l'urne au lieu d'un bulletin ;

4

Les bulletins doubles, alors qu'ils contiennent les deux listes opposées, sont considérés comme bulletins blancs et annulés. S'ils sont pareils, on ne les compte que pour un suffrage.

Sont valables les bulletins gommés, c'est-à-dire dont le contenu a été recouvert par une feuille de papier adhérente sur laquelle ont été inscrits d'autres noms (27 juillet 1909), à moins toutefois que l'emploi de ces bulletins ne se soit multiplié de façon à constituer une manœuvre destinée à les reconnaître au dépouillement et à exercer ainsi une pression sur les électeurs.

Aucune disposition de loi ne déclare nuls les bulletins qui portent, outre une liste de candidats, des mentions étrangères à l'élection ou des qualifications particulières. Ainsi un bulletin ajoutant aux noms des candidats des mots tels que ceux-ci : *bon républicain* ou *honnête homme*, etc., seraient valables. Cependant, si à côté des noms des candidats l'électeur a écrit le mot *blanc* ou le mot *nul*, ce bulletin doit être considéré comme blanc.

Des bulletins contenant des grossièretés ou des injures adressées aux candidats à la suite de leurs noms ont été autrefois attribués à ces candidats ; mais depuis quelques années cette doctrine peu explicable s'est modifiée. D'après les derniers arrêts, les bulletins injurieux sont des suffrages exprimés, mais ils ne doivent pas bénéficier à ceux dont ils portent les noms ainsi maltraités.

Le suffrage profite aux candidats si les injures mises en regard de leurs noms s'adressent à leurs adversaires.

Sont réputés porter des signes extérieurs de reconnaissance et ne doivent pas, dès lors, être attribués, les bulletins dans lesquels ces signes extérieurs présentent le caractère manifeste d'une pression sur les électeurs, d'une manœuvre destinée à reconnaître, au vu du bulletin, ceux qui ont voté dans un sens ou dans l'autre. Tels sont :

Les bulletins dont le bord est uniformément découpé ;

Les bulletins portant à l'un des angles une déchirure identique ;

Les bulletins portant une entaille faite à dessein ;

Les bulletins dentelés ;

Les bulletins imprimés de telle façon que le caractère de leur impression apparaît à l'extérieur.

Nous devons nous borner à ces indications, les combinaisons imaginées par la fraude étant innombrables.

On a vu que les bulletins portant des signes extérieurs, sans être attribués, entrent cependant en compte pour le calcul de la majorité. Ils ne sont donc pas nuls.

Mais il en est autrement de ceux dans lesquels les votants se sont fait connaître et dont la nullité est absolue, en ce sens qu'il y a lieu de les déduire du nombre des votants pour avoir celui des suffrages exprimés.

Parmi ces derniers, on peut ranger, d'après la jurisprudence :

Les bulletins signés du nom de l'électeur ;

Les bulletins portant à l'intérieur des dessins, signatures ou paraphes variant pour chacun d'eux ;

Les bulletins portant un trait à l'encre rouge ou un signe conventionnel à côté des noms des candidats ;

Les bulletins où la liste est accompagnée d'un paraphe, ou suivie de noms manuscrits, variant sur chaque bulletin ;

Les bulletins portant à l'intérieur un numéro d'ordre ;

Les bulletins sur papier glacé, facilement reconnaissables et dont la disposition typographique empêche toute correction à la main ;

Les bulletins imprimés sur un format très réduit, facilement reconnaissable et rendant impossible tout changement manuscrit.

C'est surtout dans cette catégorie de bulletins que les procédés auxquels a recours la fraude varient à l'infini. Les additions manuscrites, qui peuvent être spontanées de la part de quelques électeurs, deviennent suspectes lorsqu'elles se généralisent. On voit par exemple des bulletins contenant des mentions étrangères à l'élection, écrites toutes de la même main et variant d'un bulletin à l'autre, ou bien encore des bulletins à clef, sur lesquels l'ordre des candidats, la place de leurs prénoms sont systématiquement modifiés, etc., etc.

Une autre manœuvre frauduleuse consiste à distribuer, le matin même de l'élection, des bulletins en très grand nombre sur lesquels les noms des candidats de l'une des listes en présence se trouvent mélangés, sous des rubriques différentes, avec ceux des candidats appartenant à d'autres listes ou même d'électeurs n'ayant pas fait acte de candidats.

Une distribution de ce genre ayant eu lieu aux élections municipales de la commune de Villejuif (Seine), elles ont été annulées par le Conseil d'Etat (7 janvier 1905).

L'inscription d'un ou de plusieurs élec-

teurs sur une liste, malgré leur refus réité-
ré, a été également considérée comme une
manœuvre ayant porté atteinte à la sincérité du scrutin (8 mars 1905).

On comprend qu'il n'est guère possible
de donner une définition précise de ce qui
constitue la fraude. Elle apparaît surtout,
et doit éveiller l'attention des électeurs,
lorsque des modifications, que rien ne
justifie, sont apportées à des séries de
bulletins et portent le caractère de signe de
reconnaissance. Mais il est beaucoup de
cas où ce caractère manque, bien que le
bulletin ait une apparence peu habituelle.
C'est ainsi qu'on a reconnu valables :

Des bulletins écrits ou imprimés sur
papier rayé en bleu ou quadrillé ;

Des bulletins tachés d'encre ou de
graisse ;

Des bulletins écrits au crayon ou à
l'encre rouge, ou à l'encre violette ;

Les bulletins qui ne contiennent pas de
désignation suffisante sont, on l'a vu,
assimilés aux bulletins blancs.

On range dans cette catégorie :

Les bulletins portant un nom commun à deux candidats, sans mention de prénom, ou avec un prénom qui n'est celui d'aucun des candidats ;

Des bulletins portant la qualification de « père » ou de « fils », si cette qualification peut s'appliquer à plusieurs candidats du même nom ; de même pour les additions de sobriquets ou de profession si elles sont applicables à divers individus.

Des bulletins contenant deux listes juxtaposées, l'une imprimée, l'autre manuscrite (on ne compte de suffrages qu'aux candidats qui figureraient sur les deux listes).

Cette dernière solution est très discutable, car il semble que l'intention de l'électeur a été de voter pour la liste manuscrite. Autrement, pourquoi se serait-il donné la peine de l'écrire ? On doit donc admettre qu'il a oublié d'effacer la liste imprimée. Mais notre avis ne s'applique qu'au cas où les deux listes forment deux colonnes en face l'une de l'autre. Si la liste manuscrite venait à la suite de la liste imprimée et au bas du bulletin, la jurisprudence, d'accord avec le texte de la loi, exigerait, comme on l'a dit plus haut, que la liste imprimée fût seule comptée.

S'il y a sur le même bulletin deux listes écrites à la main, le comptage doit se faire par la colonne de gauche (24 mai 1909).

PROCLAMATION

Immédiatement après le dépouillement, le président proclame le résultat du scrutin (loi du 5 avril 1884, art. 29).

Nul n'est élu au premier tour de scrutin s'il n'a réuni : 1º la majorité des suffrages exprimés ; 2º un nombre de suffrages égal au quart de celui des électeurs inscrits (*Id.*, art. 30).

Si des difficultés sont soulevées par les électeurs sur les opérations du vote ou du dépouillement, le bureau juge provisoirement, et ses décisions doivent être motivées (art. 21).

Le bureau doit proclamer élus, jusqu'à concurrence du nombre de conseillers à élire, tous les candidats qui ont atteint ou dépassé le chiffre de la majorité. Il ne lui appartient pas de statuer sur les questions d'éligibilité ou de capacité des candidats. Ainsi le bureau excèderait ses pouvoirs en refusant de proclamer élu un candidat, par le motif qu'il n'aurait pas atteint l'âge de vingt-cinq ans et en proclamant élu à sa place un autre candidat (3 avril 1905). En vertu du même principe, c'est à tort que le bureau refuse, par le motif qu'un candidat est le beau-frère d'un autre candidat proclamé élu, de mentionner au procès-verbal le nombre de voix obtenues par le premier de ces candidats et de le proclamer élu (7 janvier 1905).

De même, il ne lui appartient pas de refuser de proclamer un candidat par le motif qu'il serait allié au degré prévu par la loi d'un autre candidat également élu (27 mars 1905, 18 avril 1905).

Il ne pourrait pas davantage annuler, pour cause d'alliance au degré prévu par la loi, l'élection d'un candidat et proclamer élu celui qui vient immédiatement après dans l'ordre des suffrages (24 février 1905).

Un candidat élu ayant, avant la proclamation des résultats, déclaré ne pas accepter le mandat de conseiller municipal, le bureau n'ayant pas qualité pour recevoir sa démission, ne peut se dispenser de le proclamer (20 mars 1905).

PROCÈS-VERBAL

Le procès-verbal des opérations doit être établi en présence des électeurs (26 mai 1909) ; il est dressé par le secrétaire et signé par lui et les autres membres du bureau. Une copie, également signée du secrétaire et des membres du bureau, en est aussitôt envoyée, par l'intermédiaire du sous-préfet, au préfet, qui en constate la réception sur un registre et en donne récépissé. Extrait en est immédiatement affiché par les soins du maire. Les bulletins autres que ceux qui doivent être annexés au procès-verbal sont brûlés en présence des électeurs (art. 29).

Les bulletins « qui doivent être an-

nexés au procès-verbal » sont ceux qui
ont été l'objet de contestations. Il est indispensable d'annexer tous les bulletins
sur lesquels les scrutateurs ou le bureau
ont émis des doutes quelconques. Faute
de cette annexion, le juge de l'élection
est dans l'impossibilité de les attribuer,
ce qui entraîne presque toujours l'annulation des opérations (27 janvier, 17 mai
1905).

Si le bureau refuse d'annexer des bulletins litigieux et les fait incinérer comme
les autres, les protestataires devront en
constater le nombre ; ils pourront obtenir
l'annulation de l'élection (30 mars 1889,
24 juin 1893).

Le président fait parapher, par trois
membres du bureau au moins, tous les
bulletins annexés. Cette opération est essentielle et doit être faite avant la clôture
de la séance, en présence des électeurs.

C'est également en présence des électeurs que doivent être incinérés les bulletins non litigieux.

Cette prescription de la loi n'est pas

toujours respectée ; il y a beaucoup de communes où l'on se dispense d'incinérer les bulletins. On se contente de les jeter au panier. C'est une habitude d'autant plus fâcheuse qu'elle peut provoquer les soupçons en facilitant la violation du secret du vote.

La rédaction du procès-verbal incombe au secrétaire du bureau. Foi est due à ce document, à moins de preuve contraire. (27 juillet 1909). Aussi exige-t-il une attention particulière et une certaine expérience. C'est pourquoi le président pourra recourir, s'il le juge nécessaire, à l'aide du secrétaire de la mairie, afin d'éviter toute irrégularité. Un procès-verbal ayant été rédigé en entier par une personne qui n'était pas membre du bureau, ayant été signé sans protestation par un seul assesseur, contenant des surcharges ou des contradictions et portant les traces de plusieurs grattages, le conseil d'Etat a décidé que ce document ne présentait pas des garanties de sincérité et que les élections devaient être annulées (19 juillet 1905).

Il en serait de même si le procès-verbal était signé seulement par le président et un assesseur, alors que les autres membres du bureau en contestent l'exactitude (12 mars 1905).

En général, les procès-verbaux sont établis sur des formules imprimées fournies par la préfecture. Cependant un procès-verbal entièrement manuscrit ne serait pas irrégulier, pourvu toutefois qu'il renfermât les éléments nécessaires à contrôler les résultats du scrutin, notamment les suivants :

Objet de l'élection.

Nombre de conseillers à élire.

Date et heure de l'ouverture du scrutin.

Indication du local.

Noms et prénoms du président, des assesseurs et du secrétaire.

Nombre des inscrits.

Nombre des bulletins trouvés dans l'urne.

Nombre des émargements.

Formation des bureaux de dépouillement ; composition des tables (noms et prénoms des scrutateurs).

Nombre de bulletins blancs ou illisibles, ou ne contenant pas une désignation suffisante, ou dans lesquels les votants se sont fait connaître (ce nombre déduit du nombre des votants, donne celui des suffrages exprimés, sur lequel se calcule la majorité).

Mention de ce dernier chiffre (majorité absolue au premier tour, relative au second).

Noms et prénoms des candidats avec le chiffre des suffrages attribués à chacun.

Proclamation des élus.

Inscription des protestations, s'il y en a.

Enonciation des bulletins annexés.

Clôture (indication de l'heure).

Signature du président, des assesseurs et du secrétaire.

En principe, il ne doit y avoir aucune interruption entre la proclamation des résultats et la rédaction du procès-verbal. Cependant lorsque les opérations du dépouillement se sont prolongées très tard, l'établissement du procès-verbal peut être renvoyé au lendemain si cet ajournement ne couvre aucune fraude et surtout si les résultats sont affichés aussitôt après la proclamation, suivant le vœu de la loi.

A la copie signée des membres du bureau, qui doit être immédiatement adressée au préfet, il faut joindre les bulletins litigieux et les feuilles de pointage. Ces feuilles servent à contrôler le procès-verbal, et lorsqu'elles sont en désaccord avec celui-ci, l'élection peut être annulée. (26 décembre 1896).

SECOND TOUR DE SCRUTIN

Si la majorité nécessaire n'est pas acquise au premier tour de scrutin par les candidats en nombre égal à celui des conseillers à élire, l'assemblée des électeurs est de droit convoquée pour le dimanche suivant, à l'effet de procéder à un second tour de scrutin (*Id.*, art. 30).

Au deuxième tour de scrutin, l'élection a lieu à la majorité relative, quel que soit le nombre des votants. Si plusieurs candidats obtiennent le même nombre de suffrages, l'élection est acquise au plus âgé (même article).

Le bénéfice de l'âge, édicté par la loi, ne s'applique pas exclusivement au second tour. Si, au premier tour, il y a plus de candidats ayant atteint le chiffre de la majorité que de conseillers à élire, il y a lieu de proclamer d'abord les candidats qui ont obtenu le plus de voix et, à égalité, le ou les plus âgés jusqu'à concurrence du nombre de conseillers à élire.

Bien que la loi déclare que les électeurs sont convoqués de droit pour le dimanche suivant, au cas où le premier tour de scrutin n'aurait pas donné un résultat complet, l'article 30 impose au maire l'obligation de faire les « publications nécessaires ».

L'arrêté préfectoral ayant pour but, d'après l'article 15, de convoquer « l'assemblée des électeurs », il doit prévoir le second tour de scrutin et informe les électeurs que ce second tour aura lieu de plein droit le dimanche suivant. Le maire

est-il tenu de prendre à son tour un arrêté pour rappeler ces dispositions aux
électeurs. En d'autres termes, sous quelle
forme doit-il faire les « publications nécessaires » exigées par l'article 30 ?

Un arrêté municipal ne nous semble pas
indispensable. Un simple avis affiché en
temps utile, c'est-à-dire le lundi ou le
mardi, aux lieux habituels, serait suffisant.
Il a même été jugé que l'extrait du procès-verbal du premier tour, affiché à la
porte de la mairie et portant l'indication
qu'il y a lieu à second tour, satisfait plei-
nement à la prescription légale, pourvu
que cette indication mentionne la date et
l'heure de la réouverture du scrutin.

Les règles observées pour la régularité
des opérations du premier tour s'appli-
quent à celles du second tour, à l'exception de celle qui concerne la majorité nécessaire pour être élu. On a vu que pour
le second tour la majorité relative suffit.
Il n'y a donc plus lieu de calculer ni le
chiffre de la majorité absolue, ni celui du
quart des électeurs inscrits. Les candidats

élus sont ceux qui ont réuni sur leur nom le plus de suffrages exprimés, jusqu'à concurrence du nombre de membres à élire.

Les élections du second tour sont plus sujettes à contestation que celles du premier tour. Les listes en présence au premier tour se suivent quelquefois de très près, de telle sorte qu'il n'existe entre les derniers noms de la liste élue et les premiers de la liste battue qu'un écart de quelques unités. Par suite, il peut y avoir une certaine hésitation dans l'établissement du procès-verbal. Celui-ci, tout en proclamant les résultats, n'indique pas toujours avec une précision suffisante combien il reste de conseillers à nommer. Il peut donc arriver que le second tour de scrutin donne un nombre supérieur ou inférieur à celui des vacances. En pareil cas, tous les élus du second tour doivent être invalidés. Il est en effet impossible, comme on l'a remarqué justement, de savoir si le corps électoral aurait accordé ses suffrages aux mêmes candidats s'i₁ avait connu le chiffre réel de sièges qu'il y avait lieu de pourvoir de titulaires.

Si des candidats élus au premier tour viennent à donner leur démission ou à décéder dans l'intervalle des deux tours, ou si leur élection est annulée entre les deux tours, il n'y a pas lieu de pourvoir à ces vacances au second tour (20 janvier 1909).

Aux termes de l'article 35 de la loi municipale, nul ne peut être membre de plusieurs conseils municipaux. Un délai de dix jours à partir de la proclamation du résultat du scrutin est accordé au conseiller nommé dans plusieurs communes pour faire sa déclaration d'option. Cette déclaration est adressée aux préfets des départements intéressés. Si dans ce délai le conseiller élu n'a pas fait connaître son option, il fait partie de droit du conseil de la commune où le nombre des électeurs est le plus élevé.

III. Réclamations

PREMIER DEGRÉ DE JURIDICTION :

CONSEIL DE PRÉFECTURE.

Aux termes de l'article 37 de la loi du 5 avril 1884, « tout électeur et tout éligible a le droit d'arguer de nullité les opérations électorales de la commune. »

Le droit de protestation est général et appartient à tout électeur ou éligible de la commune. Les électeurs ou les éligibles d'une section de commune peuvent valablement protester contre les élections d'une section dont ils ne font pas partie.

Les réclamations doivent être consignées au procès-verbal, sinon être déposées, à peine de nullité, dans les cinq jours qui suivent le jour de l'élection, au secrétariat de la mairie ou à la sous-préfecture, ou à la préfecture. Elles sont immédiatement adressées au préfet et enregistrées par ses soins au greffe du conseil de préfecture (art. 37).

Le délai de cinq jours étant prescrit à peine de nullité, le secrétariat de la mairie doit prendre ses dispositions pour que la date du dépôt ne puisse être contestée. Il y aura lieu d'en délivrer un récépissé portant la date et la signature du maire.

Toute protestation déposée à la mairie plus de cinq jours après le jour de l'élection est nulle et non avenue (3 avril, 26 juillet 1905), à moins toutefois que le bureau ait sursis à la proclamation des résultats. En ce cas, le délai court, non du jour de l'élection, mais du jour de la proclamation (30 juin 1909, 27 juillet 1909).

Le dépôt de la protestation est fait à la sous-préfecture ou à la préfecture, les réclamants ayant le droit de choisir. La date du dépôt est établie par le timbre d'arrivée apposé dans les bureaux sur la protestation.

La protestation est recevable bien que parvenue à la sous-préfecture ou à la préfecture dans la soirée du dernier jour du délai, si le fait est certifié par un certificat du service des postes et alors même que l'enregistrement n'aurait été effectué que le lendemain (7 juillet 1909).

Aucune disposition de loi n'exige que les signatures des protestataires soient légalisées.

La protestation ne comporte aucune forme sacramentelle. Elle peut résulter d'une simple lettre adressée par un électeur au préfet.

Il en est ainsi notamment si un conseiller sortant a signalé au préfet l'illégalité commise par le maire qui a fait procéder aux élections dans un local autre que celui qui avait été indiqué dans l'arrêté préfectoral.

Constitue une protestation régulièrement formée une dépêche télégraphique, adressée au préfet dans les cinq jours de l'élection et dans laquelle un électeur conteste la validité des opérations électorales, en déclarant qu'elles ont donné lieu à des actes de corruption ; dépêche dont la minute, versée au dossier, porte la signature manuscrite de l'électeur qui l'a envoyée ; mais il faut qu'elle fasse mention de l'intention du réclamant de protester contre l'élection (6 janvier 1909).

De son côté, le préfet, s'il estime que les conditions et les formes légalement prescrites n'ont pas été remplies, peut également, dans le délai de quinzaine à dater de la réception du procès-verbal, déférer les opérations électorales au conseil de préfecture (art. 37).

Le préfet ne peut exercer cette action devant le conseil de préfecture que si les conditions légales de l'élection ont été violées. Il ne serait pas recevable à déférer au conseil de préfecture des opérations électorales, en se fondant, par exemple, sur un grief tiré de l'apposition à la dernière heure d'une affiche blanche, revêtue du sceau de la mairie, signée du maire et contenant une proclamation aux électeurs. Mais il est recevable à faire valoir, dans son référé, un autre grief tiré de modifications irrégulières de la liste ayant servi aux émargements : un tel grief se rapporte aux conditions légales de l'élection.

Que la protestation émane des électeurs ou qu'elle émane du préfet, celui-ci est tenu, en vertu de l'article 37, de donner immédiatement connaissance de la réclamation, par voie administrative, aux conseillers dont l'élection est contestée, les prévenant qu'ils ont cinq jours pour tout délai, à l'effet de déposer leurs défenses au secrétariat de la mairie, de la sous-préfecture ou de la préfecture et de faire connaître s'ils entendent user du droit de présenter des observations orales. Il est donné récépissé, soit des réclamations, soit des défenses.

Si le préfet néglige de se conformer à l'obligation qui lui est imposée de donner connaissance de toute réclamation aux conseillers dont l'élection est contestée, cette omission suffit à rendre la procédure irrégulière et l'arrêté du conseil de préfecture qui intervient ultérieurement peut être annulé par le Conseil d'Etat.

PROCÉDURE DEVANT LE CONSEIL

DE PRÉFECTURE.

L'article 38 de la loi municipale règle cette procédure comme suit :

« Le conseil de préfecture statue, sauf recours au Conseil d'Etat.

« Il prononce sa décision dans le délai d'un mois à compter de l'enregistrement des pièces aux greffe de la préfecture, et le préfet la fait notifier dans la huitaine de sa date. En cas de renouvellement général, le délai est porté à deux mois.

« S'il intervient une décision ordonnant une preuve, le conseil de préfecture doit statuer définitivement dans le mois à partir de cette décision.

« Faute par le conseil d'avoir statué dons les délais ci-dessus fixés, la réclamation est considérée comme rejetée. Le conseil de préfecture est dessaisi ; le préfet en informe la partie intéressée, qui peut porter sa réclamation devant le conseil d'Etat. Le recours est notifié dans les cinq jours au secrétariat de la préfecture par le requérant. »

Les candidats dont l'élection est attaquée sont admis, s'ils en manifestent le désir, à présenter à l'audience des observations orales ; ils doivent en informer le président du conseil de préfecture, qui est tenu de les avertir du jour où l'affaire viendra devant le conseil. A défaut de cet avertissement, l'arrêté du conseil de préfecture peut être annulé comme rendu sur une procédure irrégulière.

Dans tous les cas où une réclamation implique la solution préjudicielle d'une question d'Etat, le conseil de préfecture renvoie les parties à se pourvoir devant les juges compétents et la partie doit justifier de ses diligences dans le délai de quinzaine ; à défaut de cette justification, il sera passé outre, et la décision du conseil de préfecture devra intervenir dans le mois à partir de l'expiration de ce délai de quinzaine. (Art. 39.)

Les questions d'état sont celles qui touchent au statut personnel du candidat,

particulièrement à son âge, à son état ci-
vil, à ses alliances. On peut soutenir, par
exemple, à l'appui d'une protestation, qu'il
existe une parenté au degré prohibé entre
deux des conseillers élus (1), ou bien que
l'un des élus n'est pas de nationalité fran-
çaise, n'avait pas l'âge requis au moment
de l'élection, etc., etc. En pareil cas, le
conseil de préfecture doit surseoir et il
impartit un délai pour que le réclamant
justifie de ses diligences comme il est dit
ci-dessus.

Tant que les tribunaux civils, seuls compétents sur les questions d'état, n'ont pas
statué, le conseil de préfecture ne peut
reprendre l'examen de la réclamation. Les
délais qui lui sont impartis pour prononc-
cer sa décision ne commencent à courir

---

(1) Article 35 de la loi du 5 avril 1884 :
« Dans les communes de 501 habitants et au-
dessus, les ascendants et les descendants,
les frères et les alliés au même degré ne
peuvent être simultanément membres du
même conseil municipal. »

que du jour où le jugement sur la question préjudicielle est devenu définitif (art. 38).

DEUXIÈME DEGRÉ DE JURIDICTION :

CONSEIL D'ÉTAT.

Voici, en ce qui concerne le recours au conseil d'Etat contre la décision du conseil de préfecture, les dispositions édictées par l'article 40 de la loi de 1884 :

« Le recours au conseil d'Etat contre la décision du conseil de préfecture est ouvert soit au préfet, soit aux parties intéressées.

« Il doit, à peine de nullité, être déposé au secrétariat de la sous-préfecture ou de la préfecture dans le délai d'un mois, qui court, à l'encontre du préfet, à partir de la décision, et, à l'encontre des parties, à partir de la notification qui leur est faite.

« Le préfet donne immédiatement, par la voie administrative, connaissance du recours aux parties intéressées, en les prévenant qu'elles ont quinze jours pour tout délai à l'effet de déposer leurs défenses au secrétariat de la sous-préfecture ou de la préfecture.

« Aussitôt ce nouveou délai expiré, le préfet transmet au ministre de l'intérieur, qui les adresse au conseil d'Etat, le recours, les défenses, s'il y a lieu, le procès-verbal des opérations électorales, la liste qui a servi aux émargements, une expédition de l'arrêté attaqué, et toutes les autres pièces visées dans ledit arrêté ; il y joint son avis motivé.

« Les délais pour la constitution d'un avocat et pour la communication au ministre de l'intérieur sont d'un mois pour chacune de ces opérations, et de trois mois en ce qui concerne les colonies. ».

Dans le cas où les auteurs d'un pourvoi le déposent à la préfecture, ils ne sont pas tenus d'y joindre une expédition de l'arrêté attaqué, la loi imposant au préfet lui-même l'obligation de verser cette pièce au dossier.

Bien que la loi prescrive que le recours au conseil d'Etat doit-être déposé à la préfecture ou à la sous-préfecture dans un délai déterminé, cette disposition ne s'applique qu'au délai et n'implique pas l'obligation exclusive d'effectuer le dépôt à la préfecture ou à la sous-préfecture. Un recours adressé directement au secrétariat du contentieux du conseil d'Etat serait recevable. Il en serait ainsi surtout si le conseil de préfecture saisi d'une protestation n'avait point statué dans [le délai imparti par la loi.

Mais c'est au conseil d'Etat directement et non au ministre de l'intérieur que devra être adressé un recours de ce genre.

Une condition essentielle du recours et dont les réclamants ne se préoccupent pas assez est celle-ci : on ne peut présenter devant le conseil d'Etat d'autres griefs que ceux qui ont été soumis au conseil de préfecture. De nombreux arrêts ont statué dans ce sens.

Mais cette interdiction ne s'applique

pas aux « moyens nouveaux » qui pourraient être présentés à l'appui d'un grief produit en première instance.

Les pourvois en matière électorale adressés au Conseil d'Etat sont jugés comme affaire urgente et sans frais, et dispensés du timbre et du ministère de l'avocat (art. 40).

Mais à la différence de ce qui se passe devant le conseil de préfecture, les réclamants ne sont pas admis à présenter personnellement des observations orales devant le conseil d'Etat.

Terminons en rappelant le principe introduit dans la législation électorale par la Révolution : « *L'exercice provisoire est maintenu à ceux dont l'élection est attaquée.* »

Ce principe est consacré de nouveau dans l'article 40 de la loi municipale de 1884 dont le dernier paragraphe est ainsi conçu :

« Les conseillers municipaux proclamés restent en fonctions jusqu'à ce qu'il ait été définitivement statué sur les réclamations. »

TABLE DES MATIÈRES

PITHIVIERS — IMPRIMERIE L. GAUTHIER

www.ingramcontent.com/pod-product-compliance
Lightning Source LLC
Chambersburg PA
CBHW071502200326
41519CB00019B/5845